Impressum
Verlag: BABADADA GmbH, Nedderfeld 112 , 22529 Hamburg
Geschäftsführer / Verlagsleitung: Harald Hof
Druck: Books on Demand GmbH, In de Tarpen 42, 22848 Norderstedt

Imprint
Publisher: BABADADA GmbH, Nedderfeld 112 , 22529 Hamburg, Germany
Managing Director / Publishing direction: Harald Hof
Print: Books on Demand GmbH, In de Tarpen 42, 22848 Norderstedt, Germany

# школа
## សាលារៀន

учиона
បន្ទប់រៀន

делити
ចែក

186/2

плоча
ក្តារ

школско двориште
ទីធ្លាសាលារៀន

наставник
គ្រូបង្រៀន

писати
សរសេរ

папир
ក្រដាស

хемијска оловка
ប៊ិក

писаћи сто
តុការិយាល័យ

лењир
បន្ទាត់

књига
សៀវភៅ

ученик
ក្មនសិស្ស

торба

សម្ពតរៀតសុបតែ

перница

ប្រអប់ដាក់ខ្មៅដៃ

графитна оловка

ខ្មៅដៃ

шиљило за оловке

ប្រដាប់ខ្ងខ្មៅដៃ

гумица за брисање

ជ័រលុប

блок за цртање

ផ្ទាំងគំនូរ

цртеж

គំនូរ

кист

ជក់គូរ

кутија са бојама

ប្រអប់ថ្នាំលាប

маказе

កន្ត្រៃ

лепило

ការបិទ

бележница

សៀវភៅលំហាត់

домаћи задатак

កិច្ចការផ្ទះ

број

លេខ

сабирати

បូក

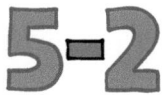

одузимати

ដក

множити

គុណ

рачунати

គណនា

слово

លិខិត

абецеда

អក្ខរក្រម

**hello**

реч

ពាក្យ

**текст**

អត្ថបទ

**читати**

អាន

**креда**

ដីស

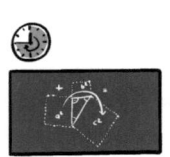

**час**

មេរៀន

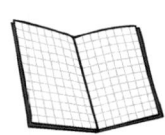

**дневник**

ចុះឈ្មោះ

**испит**

ការប្រលង

**сведочанство**

វិញ្ញាបនបត្រ

**школска униформа**

ឯកសណ្ឋានសាលា

**образовање**

ការអប់រំ

**лексикон**

សព្វវចនាធិប្បាយ

**универзитет**

សាកលវិទ្យាល័យ

**микроскоп**

មីក្រូទស្សន៍

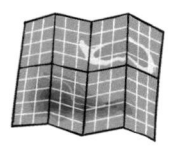

**карта**

ផែនទី

**кошара за папир**

កន្ត្រកដាក់សំរាមក្រដាស

хотел
សណ្ឋាគារ

*Grand*

преноћиште
សណ្ឋាគារកុម្មង

мењачница
ការិយាល័យបុ្តូរប្រាក់

кофер
វ៉ាលី

ауто
រថយន្ត

| | | |
|---|---|---|
|  |  | 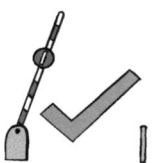 |
| језик | да / не | океј |
| ភាសា | ហាទ / ទេ | យល់ព្រម |
|  |  |  |
| здраво | преводилац | хвала |
| សាយ័នតសួស្តី! | អ្នកបកប្រែ | សូមអរគុណ |

Колико кошта...?

ចុលប៉ុន្មាន... ?

не разумем

ខ្ញុំមិនយល់

проблем

បញ្ហា

добро вече!

ទិវាសួស្តី!

Добро јутро!

អរុណសួស្តី

Лаку ноћ!

រាត្រីសួស្តី!

довиђења

លាហើយ

смер

ទិសដៅ

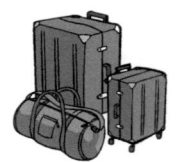

пртљага

អីវ៉ាន់

торба

កាបូប

руксак

កាបូបស្ពាយកុរខោយ

гост

ភ្ញៀវ

соба

បន្ទប់

врећа за спавање

ថង់ដេក

шатор

តង់

6       путовање - ការធ្វើដំណើរ

туристичке информације

ព័ត៌មានទេសចរណ៍

плажа

ឆ្នេរ

кредитна картица

កាតឥណទាន

доручак

អាហារពេលព្រឹក

ручак

អាហារថ្ងៃត្រង់

вечера

អាហារពេលល្ងាច

карта за вожњу

សំបុត្រ

лифт

ជណ្ដើរយន្ត

поштанска маркица

តែម

граница

ព្រំដែន

царина

គយ

амбасада

ស្ថានទូត

виза

ទិដ្ឋាការ

пасош

លិខិតឆ្លងដែន

# транспорт
# ការដឹកជញ្ជូន

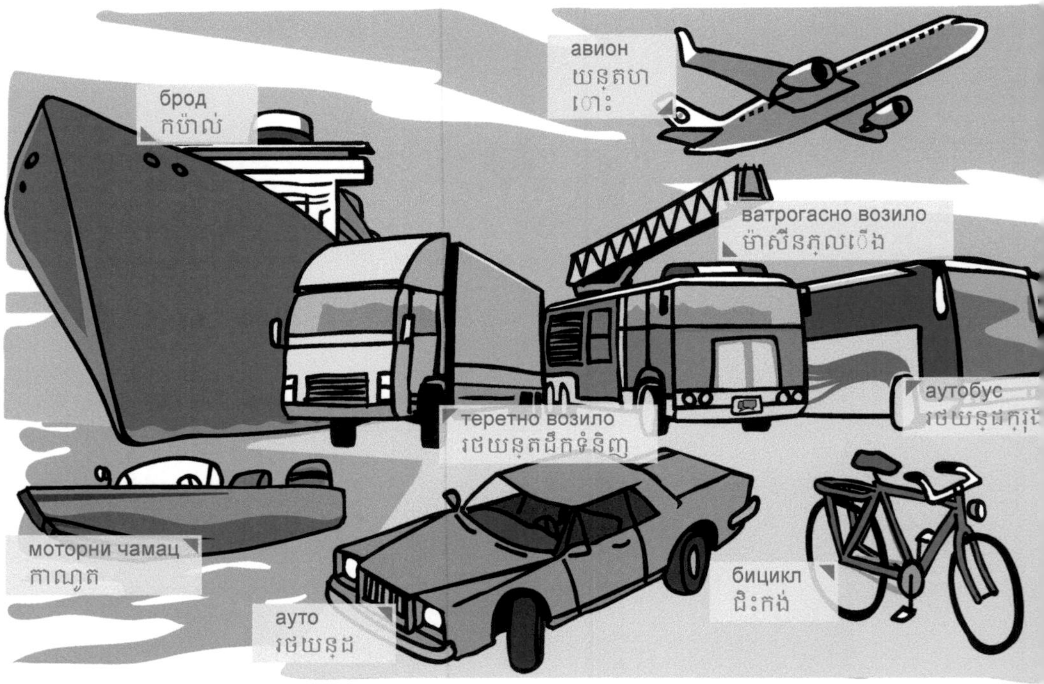
авион
យន្តហោះ
брод
កប៉ាល់
ватрогасно возило
ម៉ាសីនភ្លើង
аутобус
រថយន្តក្រុង
теретно возило
រថយន្តដឹកទំនិញ
моторни чамац
កាណូត
бицикл
ជិះកង់
ауто
រថយន្ត

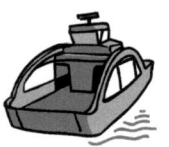

трајект
សាឡាង

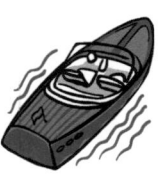

чамац
ទូក

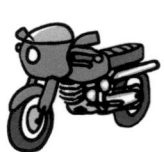

мотоцикл
ម៉ូតូ

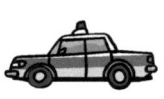

полицијски ауто
រថយន្តប៉ូលិស

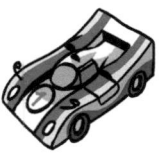

тркаћи ауто
រថយន្តប្រណាំង

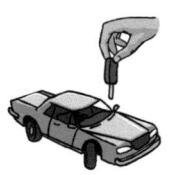

изнајмљено ауто
រថយន្តជួល

делење аутомобила

ការកែរៃលកែរថយន្ត

вучно возило

ឡានសុទូច

возило за одвоз смећа

ឡានបុរមូលសំរម

мотор

ម៉ូតូ

бензин

ប្រេងឥន្ធន:

бензинска станица

សុថានីយបុរេង

саобраћајни знак

សុលាកសញ្ញាចរាចរណ៍

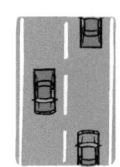

саобраћај

ការធ្វេីចរាចរណ៍

застој

កកស្ទះចរាចរណ៍

паркиралиште

ចំណត

железничка станица

សុថានីយរថភ្លេីង

шине

ផ្លូវដែក

воз

រថភ្លេីង

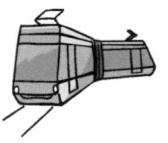

трамвај

រថអគ្គីសនី

вагон

ទូរថភ្លេីង

хеликоптер

ឧទ្ធម្ភាគចក្រ

аеродром

ពុលោនយន្តហោះ

кула

ប៉ម

путник

អ្នកដំណើរ

контејнер

កុងតឺន័រ

картон

ករដាសកាតុង

колица

រទេះ

корпа

កញ្ចប់

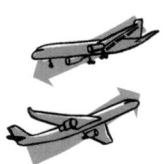

узлетети / слетети

ហោះឡ្យេីង / ចុះ

## град
### ទីក្រុង

село

ភូមិ

центар града

កណ្ដាលទីក្រុង

кућа

ផ្ទះ

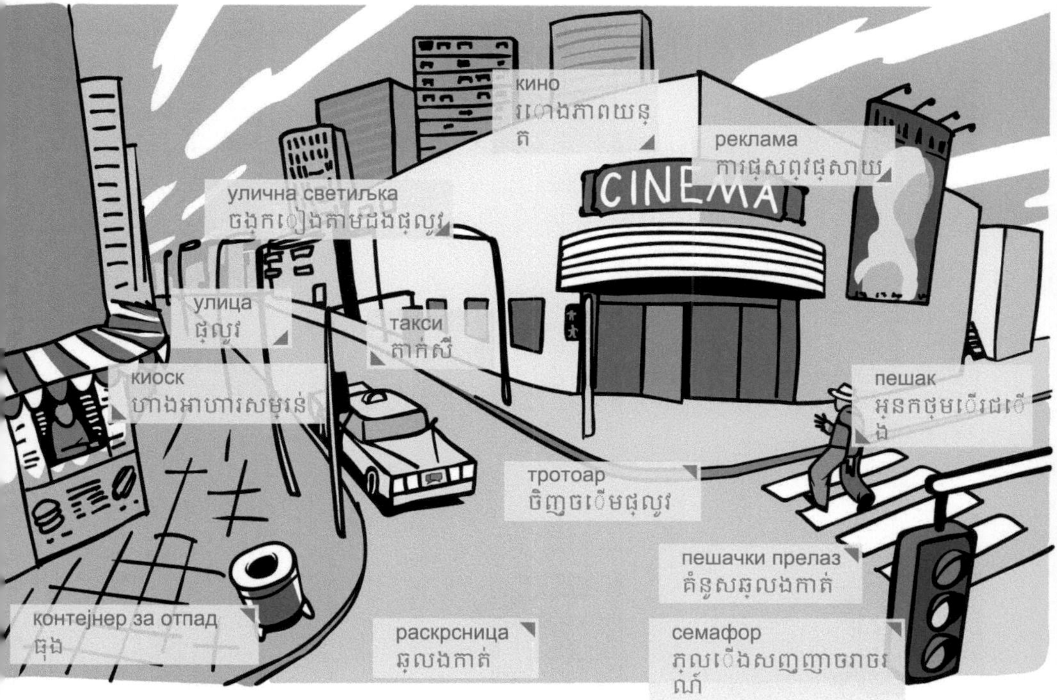

кино
រោងភាពយន្ត
реклама
ការផ្សព្វផ្សាយ
CINEMA
улична светиљка
ចង្កៀងតាមដងផ្លូវ
улица
ផ្លូវ
такси
តាក់ស៊ី
киоск
ហាងអាហារសម្រន់
пешак
អ្នកថ្មើរជើង
тротоар
ចិញ្ចើមផ្លូវ
пешачки прелаз
គំនូសឆ្លងកាត់
контејнер за отпад
ធុង
раскрсница
ឆ្លងកាត់
семафор
ភ្លើងសញ្ញាចរាចរណ៍

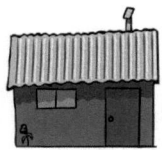

колиба

ខ្ទម

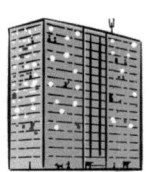

стан

ផ្ទះល្វែង

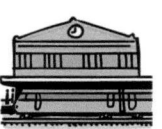

железничка станица

ស្ថានីយរថភ្លើង

већница

សាលាក្រុង

MUSEUM

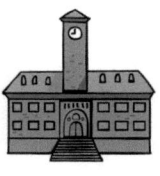

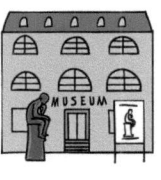

музеј

សារមន្ទីរ

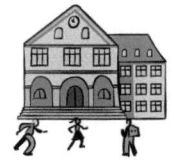

школа

សាលារៀន

универзитет

សាកលវិទ្យាល័យ

банка

ធនាគារ

болница

មន្ទីរពេទ្យ

хотел

សណ្ឋាគារ

апотека

ឱសថស្ថាន

канцеларија

ការិយាល័យ

књижара

ហាងលក់សៀវភៅ

продавница

ហាង

цвећара

ហាងផ្កា

супермаркет

ផ្សារទំនើប

трг

ទីផ្សារ

робна кућа

ហាងទំនិញ

рибарница

ហាងលក់ត្រី

трговачки центар

មជ្ឈមណ្ឌលផ្សារទំនើ
ប

лука

កំពង់ផែ

| | | |
|---|---|---|
|  |  |  |
| парк<br>ឧទ្យាន | клупа<br>បង្គ | мост<br>ស្ពាន |
|  |  |  |
| степенице<br>ជណ្ដើរ | подземна железница<br>ផ្លូវរថភ្លើងក្រោមដី | тунел<br>ផ្លូវរូងក្រោមដី |
|  |  |  |
| аутобуска станица<br>ចំណតរថយន្តក្រុង | бар<br>បារ | ресторан<br>ភោជនីយដ្ឋាន |
|  |  |  |
| поштанско сандуче<br>ប្រអប់សំបុត្រ | улични знак<br>សញ្ញាតាមដងផ្លូវ | паркирни аутомат<br>ឧបករណ៍ប្រមូលថ្លៃចំណត |
|  |  |  |
| зоолошки врт<br>សួនសត្វ | базен<br>អាងហែលទឹក | џамија<br>វិហារអ៊ីស្លាម |

сеоско газдинство

កសិដ្ឋាន

загађење околине

ការបំពុល

гробље

វាលកប់ខ្មោច

црква

ព្រះវិហារ

игралиште

គ្រឿងអំលិលកុមងេលង

храм

បុរាសាទ

## пејсаж
## ទេសភាព

лист
ស្លឹក

путоказ
សញ្ញាប្រាប់ទិសដៅ

пут
ផ្លូវ

ливада
វាលស្មៅ

камен
ដុំថ្ម

шетач
អ្នកឲ្យរ៉េងភ្នំ

река
ទន្លេ

дрво
ដើមឈើ

трава
ស្មៅ

цвет
ផ្កា

долина

ជ្រលងភ្នំ

планина

កូនភ្នំ

jeзеро

បឹង

шума

ព្រៃឈើ

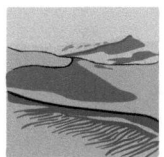

пустиња

វាលខ្សាច់

вулкан

ភ្នំភ្លើង

дворац

ត្រាកប្រើ

дуга

ឥន្ទធនូ

гљива

ផ្សិត

палма

ដើមត្នោត

москито

មូស

мува

រុយ

мрав

ស្រមោច

пчела

សត្វឃ្មុំ

паук

ពីងពាង

буба

សត្វកញ្ចៃ

жаба

កង្កែប

веверица

កំប្រុក

јеж

សត្វកាំបុរមា

зец

ទន្សាយស្លឹក

сова

សត្វទីទុយ

птица

បក្សី

лабуд

ហង្ស

дивља свиња

ជ្រូក

јелен

សត្វក្តាន់

лос

សត្វក្តាន់

насип

ទំនប់

ветрењача

កង្ហារខ្យល់

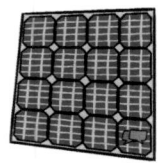

соларна плоча

បន្ទះស្ងួម្ពា

клима

អាកាសធាតុ

# ресторан
# ភោជនីយដ្ឋាន

конобар
អ្នករត់តុ
јеловник
មីនុយ
столица
កៅអី
супа
ស៊ុប
пица
ភីហ្សា
прибор за јело
កាំបិត
столњак
កម្រាលតុ


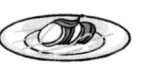

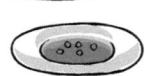

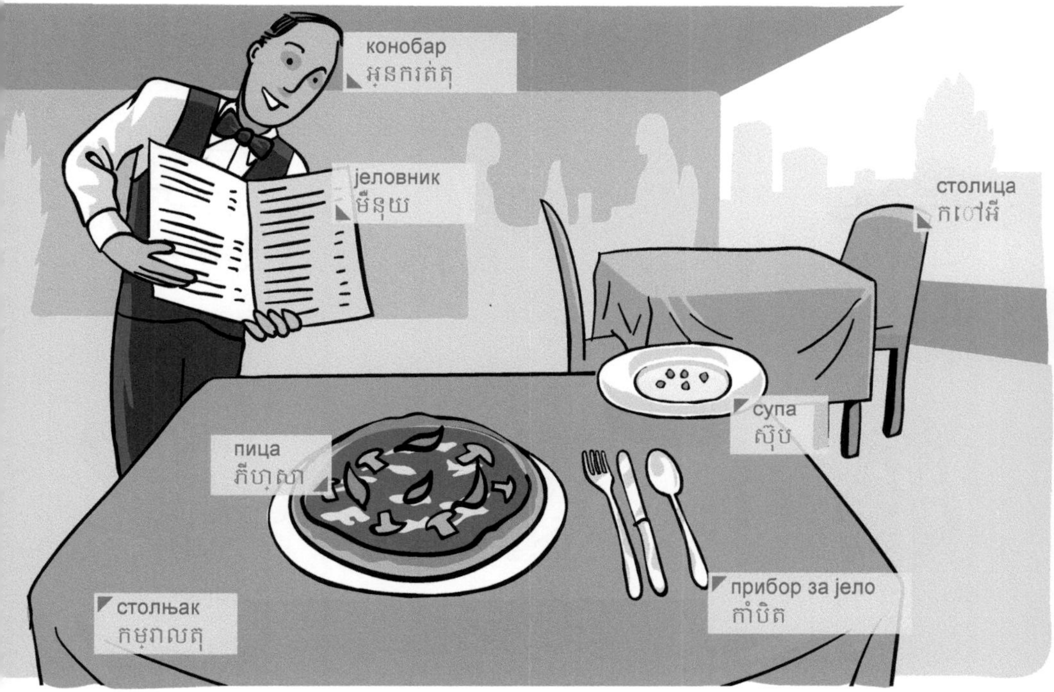

предјело
អាហារសម្រន់

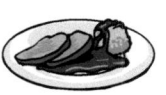

главно јело
អាហារសំខាន់

десерт
បង្អែម

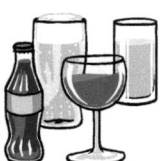

напитци
ភេសជ្ជៈ

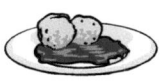

јело
អាហារ

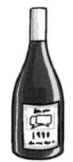

флаша
ដប

брза храна

អាហារវហ័ស

имбис храна

អាហារតាមដុល្លរ

чајник

ហ៊ានតៃ

доза за шећер

ប្អរអប់ស្ករ

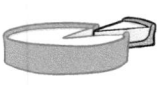

порција

ចំណកៃ

апарат за еспресо

ម៉ាស៊ីនតុងកាហ្វរអឹចស្ត្រុរស្វ

висока столица

កៅអ៊ីខ្ពស់

рачун

វិក្កយបត្រ

послужавник

ថាស

нож

កាំបិត

виљушка

សម

кашика

ស្លាបព្រា

чајна кашика

ស្លាបព្រាកាហ្វរ

салвета

កន្សសងៃដុតខ្លួន

чаша

កវែ

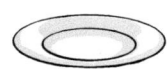

тањир

ចានទាប

тањир за супу

ចានស៊ុប

тањирић

ចានទុរនាប់

сос

ទឹកជ្រលក់

сољенка

ដបអំបិល

млин за бибер

បុរដាប់កិនម្រេច

сирће

ទឹកខ្មេះ

уље

បុរេង

зачини

គ្រឿងទេស

кечап

ទឹកប់ងប់ពោះ

сенф

ម៉ូតាក

мајонеза

ទឹកមយ៉ោណរ

# супермаркет
# ផ្សារទំនើប

понуда
ការផ្តល់ជូនពិសេស
FOR
купац
អតិថិជន
млечни производи
ទឹកដោះគោ
воће
ផ្លែឈើ
колица за куповину
រទេះរុញ


BUTCHERS


месница

ហាងកាប់ជ្រូក

BAKERY


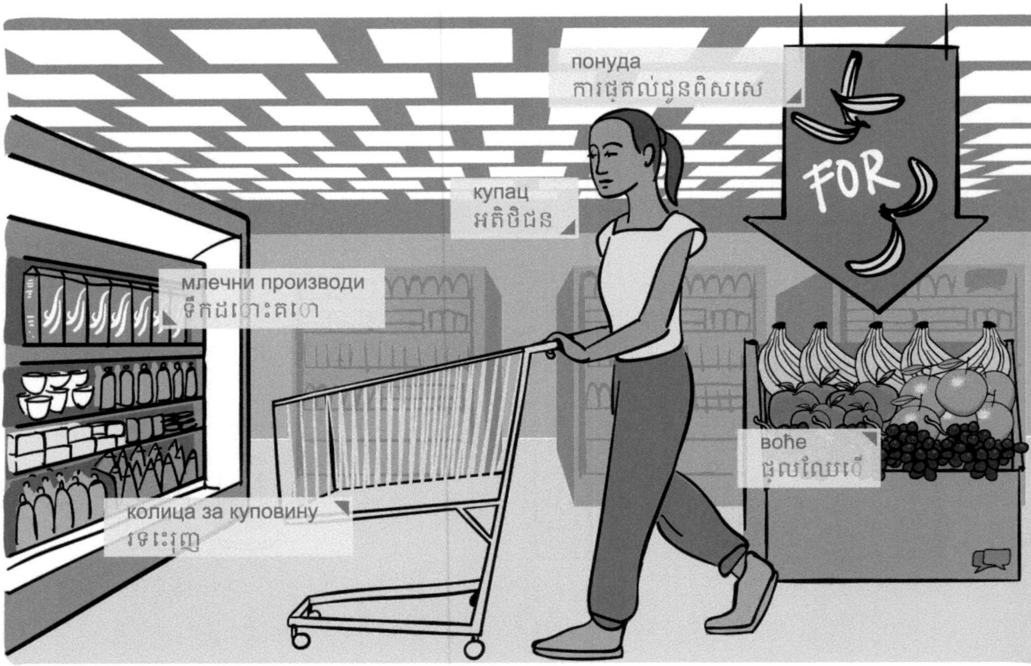

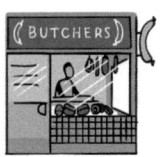

пекара

ហាងដុតនំ

вагати

ថ្លឹង

поврће

បន្លែ

месо

សាច់

смрзнута храна

អាហារក្លាសេ

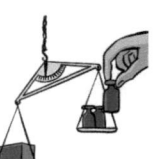

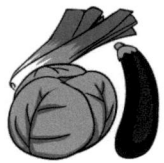

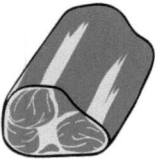

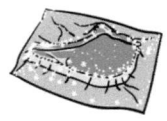

нарезак

សាច់កូឡាសរ

конзерве

អាហារកំប៉ុង

средство за прање

មុសៅឡាង

слаткиши

សុអរគ្រាប់

артикли за домаћинство

ផលិតផលក្នុងគ្រួសារ

средства за чишћење

ផលិតផលសម្អាត

продавачица

អ្នកលក់

благајна

ថតដាក់លុយ

благајник

បង្គ្រា

листа за куповину

បញ្ជីទិញទំនិញ

време рада

ម៉ោងធ្វើការ

новчаник

កាប៉ូបលុយបុរស

кредитна картица

កាតឥណទាន

торба

ថង់

пластична кеса

ថង់ប្លាស្ទិច

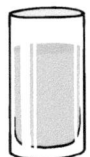

вода

ទឹក

сок

ទឹកផ្លែឈើ

млеко

ទឹកដោះគោ

кола

កូកាកូឡា

вино

ស្រា

пиво

ស្រាបៀរ

алкохол

គ្រឿងស្រវឹង

какао

កាកាវ

чај

តែ

кава

កាហ្វេ

еспресо

កាហ្វេអែស្ព្រេសូ

капучино

កាហ្វេកាពូឈីណូ

банана

ចេក

jабука

ផ្លែប៉ោម

наранџа

ផ្លែក្រូច

лубеница

ឪឡឹក

лимун

ក្រូចឆ្មារ

шаргарепа

ការ៉ុត

бели лук

ខ្ទឹម

бамбус

ប្រស៊ី

лук

ខ្ទឹមបារាំង

гљива

ផ្សិត

орашасти плодови

គ្រាប់ផ្លែឈើ

резанци

មី

шпагете

មីអ៊ីតាល់

рижа

បាយ

салата

សាឡាត់

помфрит

ដំឡូងចៀន

печени крумпир

ដំឡូងចៀន

пица

ភីហ្សា

хамбургер

ប៊ឺហ្គឺ

сендвич

សាំងវិច

шницла

សាច់ជាប់ឆ្អឹងជំនី

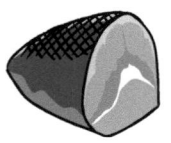

шунка

ហាំ

салама

សាឡាមី

кобасица

សាច់ក្រក

кокош

សាច់មាន់

печење

អាំង

риба

ត្រី

зобене пахуљице

អាវ៉ែនបបរ

мусли

មុយ្ស៊ុលី

кукурузне пахуљице

ជំឡ្យងចំណិត

брашно

មុសរ៉ៅ

кроасан

នំគ្គូសង់

пециво

នំបុ័ងមុំយ៉ាងមួលតូចៗ

хлеб

នំបុ័ង

тоаст

អាំង

кекси

នំប៊ីស្គីុ

маслац

ប៊ីរ

свежи сир

ទឹកដោះខាប់

колач

នំខេក

jaje

ស្ុត

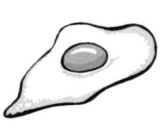

jaje на око

ស៊ុតចៀ្រន

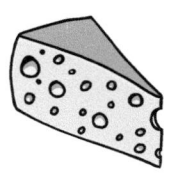

сир

ឈីស

сладолед

ការ៉េម

шећер

ស្ករ

мед

ទឹកឃ្មុំ

мармелада

ជំណាប់

нугат крема

កុរម៉ែតាំងម៉ៃ

кари

ការ៉ី

# сеоско газдинство
# កសិដ្ឋាន

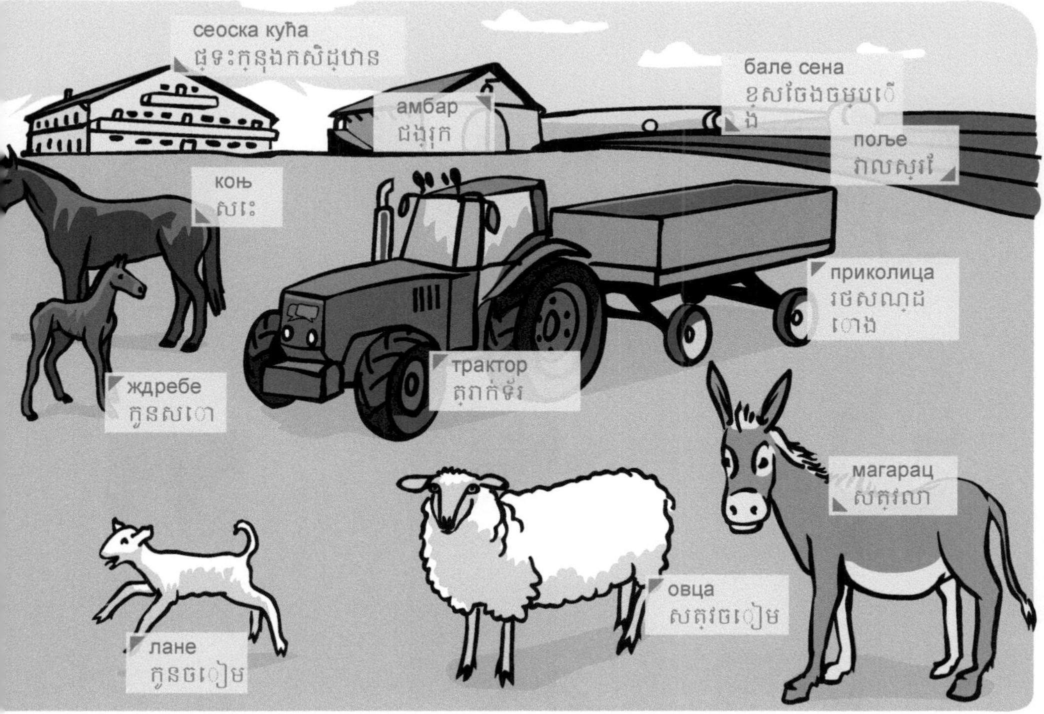
сеоска кућа
ផ្ទះក្នុងកសិដ្ឋាន
амбар
ជង្រុក
бале сена
ខ្សែចងចម្បើង
поље
វាលស្រែ
коњ
សេះ
приколица
រថសណ្ដោង
трактор
ត្រាក់ទ័រ
ждребе
កូនសោ
магарац
សត្វលា
овца
សត្វចៀម
лане
កូនចៀម

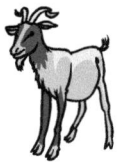

коза

ពពែ

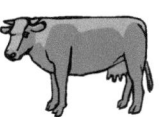

крава

គោញី

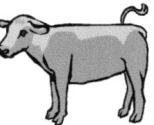

теле

កូនគោ

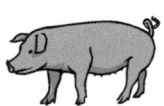

свиња

ជ្រូក

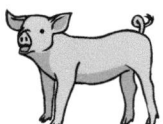

прасе

កូនជ្រូក

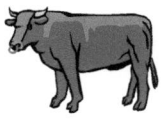

бик

គោឈ្មោល

**гуска**

សត្វក្ងាន

**патка**

ទា

**пилићи**

កូនមាន់

**кокош**

មមាន់

**петао**

មាន់ឈ្មោល

**пацов**

កណ្តុរ

**мачка**

ឆ្មា

**миш**

កណ្តុរប្របមេះ

**вол**

គោឈ្មោល

**пас**

ឆ្កែ

**кућица за пса**

ផ្ទះឆ្កែ

**вртно црево**

ទុយោទឹក

**канта за поливање**

ធុងស្រោចទឹក

**коса**

ខ្សែបក

**плуг**

នង្គ័ល

срп

កណ្ដៀវ

мотика

ចបកាប់

виљушка за ђубриво

រនាស់

секира

ពូថៅ

тачке

រទេះរុញ

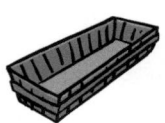

корито

ស្នូក

посуда за млеко

កំប៉ុងទឹកដោះគោ

врећа

ហារ

ограда

របង

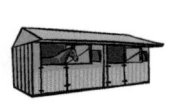

штала

កូរពោល

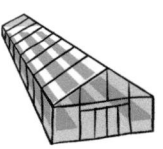

стакленик

ផ្ទះកញ្ចក់

земља

ដី

семе

គ្រាប់ពូជ

ђубриво

ជី

комбајн

ម៉ាស៊ីនបុរមួលផល

жети
 បុរមួលផល

жетва
ការបុរមួលផល

јамс зачин
ដំឡូងជុក

пшеница
សុរុសាលី

соја
សណ្ដែកសៀង

крумпир
ដំឡូងជុក

кукуруз
ពោត

уљана репица
គុកប់បុរងៃវៃ

воħка
ដរើមឈើហ្វូបផុលៃ

гомољ маниоке
ដំឡូងមី

житарице
ចញ្ញជាតិ

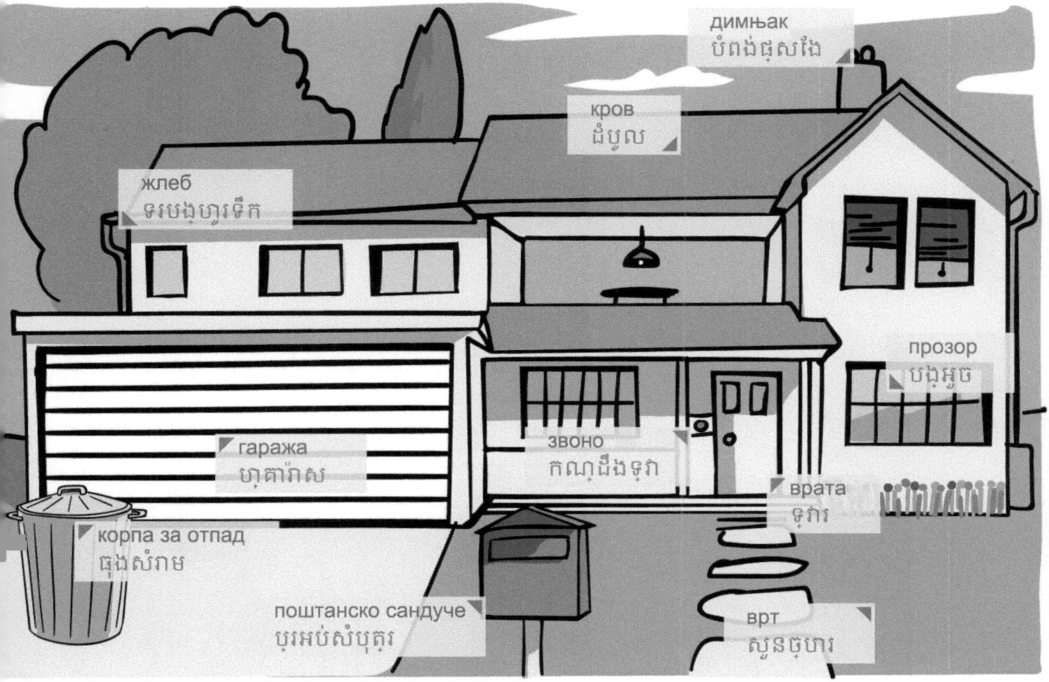

димњак
បំពង់ផ្សែង

кров
ដំបូល

жлеб
ទរបង្ហូរទឹក

прозор
បង្អួច

гаража
ហ្គារ៉ាស់

звоно
កណ្ដឹងទ្វារ

врата
ទ្វារ

корпа за отпад
ធុងសំរាម

поштанско сандуче
ប្រអប់សំបុត្រ

врт
ស្វនច្បារ

дневна соба
បន្ទប់ទទួលភ្ញៀវ

купаоница
បន្ទប់ទឹក

кухиња
ផ្ទះបាយ

спаваћа соба
បន្ទប់គេង

дечија соба
បន្ទប់របស់កុមារ

трпезарија
បន្ទប់ទទួលទានអាហារ

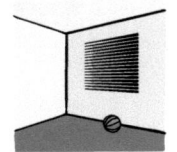

под

ជាន់

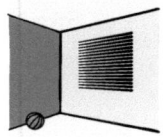

зид

ជញ្ជាំង

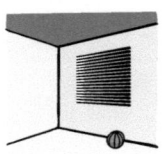

строп

ពិដាន

подрум

បន្ទប់ក្រោមដី

сауна

ស្វណា

балкон

យ៉ែរ

тераса

ផ្ទៃវាបសុមៀនទៅជមុរាល
ភ្នំ

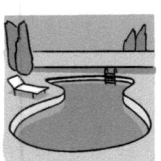

базен

អាងហាលែទឹក

косилица за траву

ម៉ាស៊ីនកាត់សុមទៅ

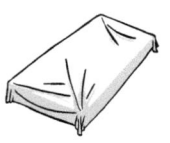

постељина за кревет

សន្លឹក

дека за кревет

កម្រាលគ្រូដែកេ

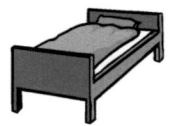

кревет

គ្រែ

метла

អំបោស

канта

ធុង

прекидач

កុងតាក់

# дневна соба
# បន្ទប់ទទួលភ្ញៀវ

тапета
ផ្ទាំងរូបភាព
слика
រូបភាព
светиљка
ចង្កៀង
регал
ធ្នើ
ормар
ទូដាក់ចាន
телевизија
ទូរទស្សន៍
камин
ជើងក្រានកម្ដៅផ្ទះ
цвет
ផ្កា
јастук
ខ្នើយ
кауч
សាឡុង
ваза
ថូ
даљински управљач
ការបញ្ជាពីចម្ងាយ

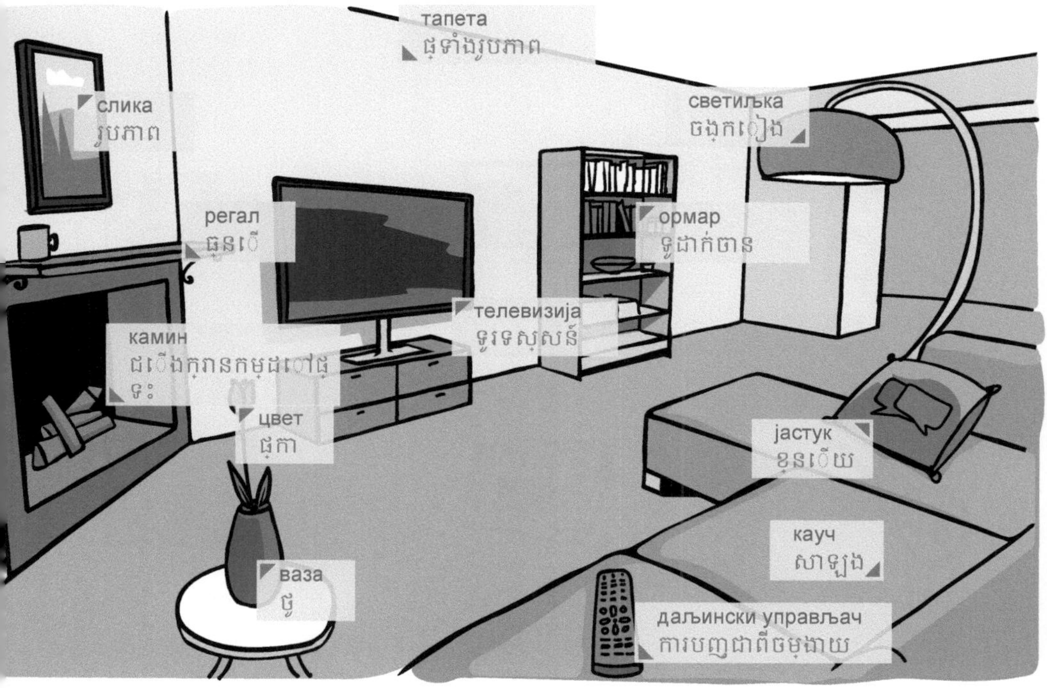

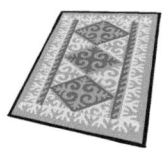

тепих

កម្រាលព្រំ

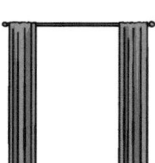

завеса

វាំងនន

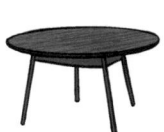

сто

តុ

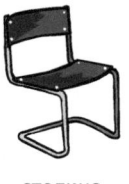

столица

កៅអី

столица за њихање

កៅអីប៉ោកប៉ើក

фотеља

កៅអីភ្នាក់ដៃ

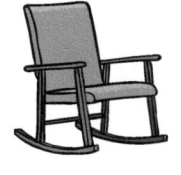

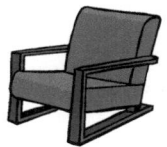

књига
សៀវភៅ

дека
ភួយ

декорација
ការតុបតែង

дрво за огрев
អុសដុត

филм
ខុសភាពយន្ត

хи-фи уређај
ឧបករណ៍ Hi-Fi

кључ
កូនសោ

новине
កាសែត

слика на платну
គំនូរ

постер
ផ្ទាំងរូបភាព

радио
វិទ្យុ

блок за писање
ណូតផតែ

усисивач
ម៉ាស៊ីនបូមធូលី

кактус
ដំបងយក្ស

свећа
ទៀន

# кухиња
# ផ្ទះបាយ

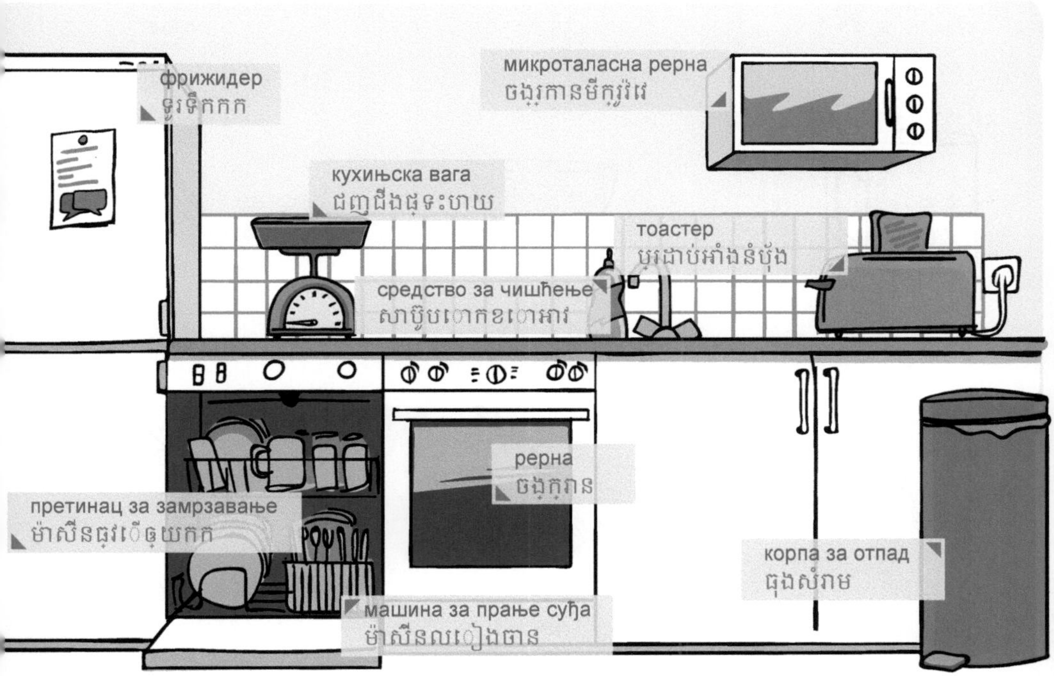
фрижидер
ទូរទឹកកក
микроталасна рерна
ចង្ក្រានមីក្រូវ៉េវ
кухињска вага
ជញ្ជីងផ្ទះបាយ
тоастер
ប្រដាប់អាំងនំប៉័ង
средство за чишћење
សាប៊ូបោកខោអាវ
рерна
ចង្ក្រាន
претинац за замрзавање
ម៉ាសីនធ្វើទឹកកក
корпа за отпад
ធុងសំរាម
машина за прање суђа
ម៉ាសីនលាងចាន

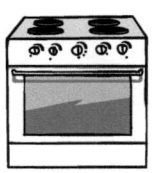

шпорет
ចង្ក្រាន

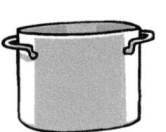

лонац
ឆ្នាំង

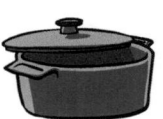

гвоздени лонац
ឆ្នាំងដែក

вок / кадаи
ខ្ទះ / ខ្ទះឥណ្ឌា

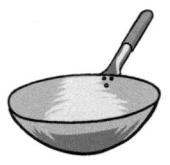

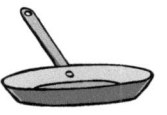

тава
ខ្ទះ

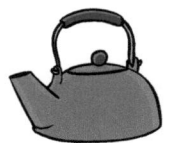

кувало за воду
កំសៀវ

кувало на пару
ឆ្នាំងចំហុយ

лим за печење
ថាសដុតនំ

посуђе
គ្រឿងចានឆ្នាំងដី

чаша
ថូ

посуда
ចានគោម

штапићи за јело
ចង្កឹះ

кутлача
វែកសមុល

лопатица
វែកគូរ

пењача
បុរដាប់វាយកូឡៀក

сито за кување
តម្រង

сито
កន្តុង

рибеж
បុរដាប់កោសដុង

мужар
ត្បាល់

роштиљ
ការអាំងសាច់

огњиште
ចង្ក្រានចំហា

даска

ផ្ទាញ់

оклагија

ចុះដាប់កិនម្សៅ

вадичеп

ចុះដាប់ម្សៅបើកឆ្នុកសូរ

конзерва

កំប៉ុង

отварач конзерви

ចុះដាប់បើកកំប៉ុង

крпа за лонац

កូរណាត់ទ្រាប់ឆ្នាំង

судопер

កន្លែងលាងចាន

четка

ជក់

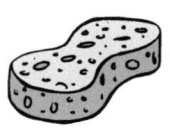

сунђер

អប់ប៉ុង

миксер

ម៉ាស៊ីនកូរឡ្បក

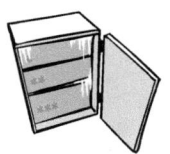

замрзивач

ទូទឹកកកខ្នាតតូច

флашица за бебе

ដបទឹកដង្ហោះគេទោ

славина за воду

រ៉ូប៊ីណេ

грејање
កម្ដៅពៅ

туш
ផ្កាឈូក

пешкир
កន្សែង

завеса за туш
រាំងននង្គទឹកផ្កាឈូក

пенушава купка
ការងូតទឹកពពុះ

када
អាងងូតទឹក

чаша
កវែ

машина за прање веша
ម៉ាស៊ីនបោកពោកគក់

славина за воду
រូបីណោរ

плочице
ក្របឡាក្របបៀង

тута
ចានបង្គន់

судопер
កន្សែងលាងចាន

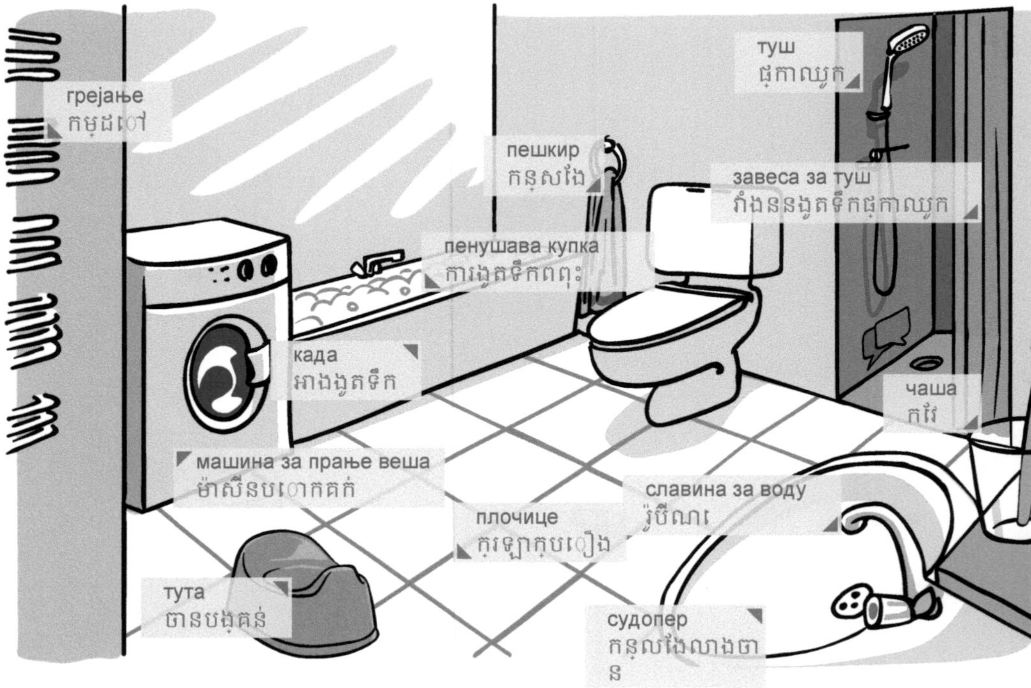

тоалет

បង្គន់

чучавац

បង្គន់អង្គុយ

бидет

ផ្សេងផ្សេងមុះកាយ

писоар

កុលំទឹកនពោម

тоалетни папир

ក្រដាសបង្គន់

четка за тоалет

ច្រាសដុសបង្គន់ន

четкица за зубе
ច្រាសដុសធ្មេញ

паста за зубе
ថ្នាំដុសធ្មេញ

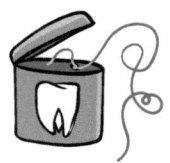

конац за зубе
ខ្សែទោរ័សមុអាតធ្មេញ

прати
លាង

туш ручица
បុរដាប់ជាក់ដៃផ្កាឈូក

туш за прање интимних делова
ទឹកថ្នាំសម្រាប់ហាញ់លាង

лавор
អាង

четка за прање леђа
ច្រាសដុសខ្នង

сапун
សាប៊ូ

гел за туширање
លៃសម្រាប់ងូតទឹកផ្កាឈូក

шампон
សាប៊ូ

крпа за прање
សក្លាត

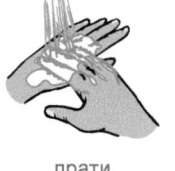

одвод
បំពង់បង្ហូរទឹក

крема
ក្រែម

дезодоранс
ថ្នាំបំហាត់ក្លិនអាក្រក់

купаоница - បន្ទប់ទឹក

огледало

កញ្ចក់

козметичко огледало

កញ្ចក់ដៃ

бријач

ប្រដាប់កោរ

пена за бријање

ហ្វូមកោរពុកមាត់

лосион за после бријања

ទឹកលាងក្រោយកោរពុកមាត់រួច

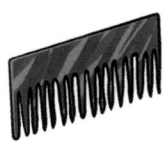

чешаљ

កូរស

четка

ជក់

фен за косу

ប្រដាប់សម្ងួតសក់

спреј за косу

ស្ព្រាយហាញ់សក់

шминка

ការតុបតែងមុខ

руж за усне

កូរមៃលាបមាត់

лак за нокте

ថ្នាំលាបក្រចក

вата

រោមកប្បាស

маказе за нокте

កន្ត្រៃកាត់ក្រចក

парфем

ទឹកអប់

козметичка торбица

 កាបូបបរិខោកគត់

столица

លាមក

вага

ជញ្ជីងថ្លលឹងទម្ងន់

огртач

អាវពាក់ងូតទឹក

рукавице за чишћење

សុរទោមដៃកោៅស្ល្រ

тампон

ឬនុក

уложак

កន្ស្សងៃអនាម័យ

хемијски тоалет

បង្គន់គីមី

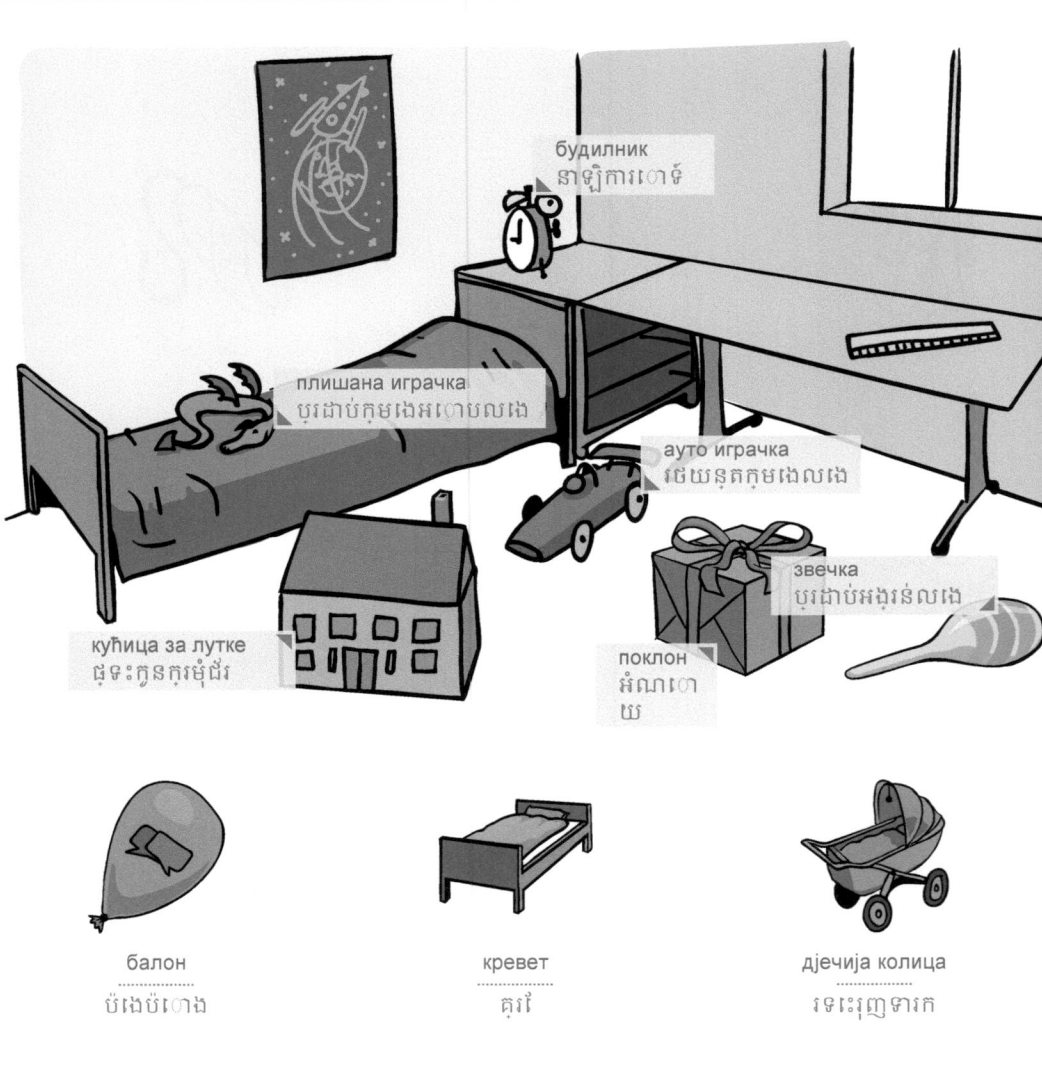

будилник
នាឡិការោទ៍

плишана играчка
បុរដាប់កុមេងអេពោលេង

ауто играчка
រថយន្តកុមេងលេង

звечка
បុរដាប់អង្រន់លេង

кућица за лутке
ផ្ទះកូនក្រមុំជ័រ

поклон
អំណោយ

балон
ប៉េងប៉ោង

кревет
គ្រែ

дјечија колица
រទេះរុញទារក

игра са картама
ហ្គេមេ្បៀ

слагалица
រូបផ្គុំ

стрип
កំបុលេង-

лего коцкице

ផ្គុំ Lego

коцкице за слагање

ប្លុកបុរដោប់កុមងេលងេ

акциони јунак

តួលខេសកម្មភាព

бенкица за бебе

ខោអាវទារក

фризби

ការគប់ចាស

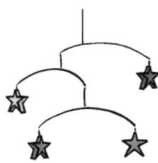

висеће играчке

ទូរស័ព្ទដៃ

друштвене игре

ក្តារលុបងែ

коцка

គុរាប់ឡុកឡាក់

минијатурна жељезница

ឈុតរថភ្លើងេំ

дуда

រូបសំណាក

забава

គណបកុស

сликовница

សេៀវភៅេរូបភាព

лопта

ហាល់

лутка

កូនកុុរម៉ុតុក្កតា

играти

លងេ

пешчаник

រណ្ដៅលៅខ្សាច់

љуљачка

ទោង

играчка

បុរដោបក្មមងែលងេ

конзола за игре

កុងស្ួលវិដអ្េហ្គតមេ

трицикл

គ្រីចក្ររយានយន្ត

теди

តុក្កតាខ្លាយុម៉ុ

ормар

ទូខោអាវ

кратке чарапе

ស្ុរៅោមជៅើង

чарапе

ស្ុរៅោមជៅើងវែង

хулахопке

ខោទុនាប់នារី

шал
កន្សែង

кишобран
ឆត្រ

мајица
អាវយឺត

аиш
ខ្សែក្រវាត់

патике
ស្បែកជើងប៉ាតា

чизме
ស្បែកជើងករវែង

папуче
ស្បែកជើងពាក់ននៅ
ផ្ទះ

сандале
ស្បែកជើងសង្រែក

ципеле
ស្បែកជើង

гумене чизме
ស្បែកជើងករវែងកៅស៊ូ

гаћице
ខោទ្រនាប់បុរស

грудњак
អាវទ្រនាប់

поткошуља
អាវកាក់

боди

រាងកាយ

панталоне

ខោទ្រវែង

фармерке

ខោខូវប៊យ

сукња

សំពត់

блуза

អាវក្រុរៅ

кошуља

អាវ

џемпер

អាវយឺត

џемпер с капуљачом

អាវយឺត

сако

អាវធំ

jakна

អាវក្រុរៅ

мантил

អាវធំ

кабаница

អាវភ្លៀវៀង

костим

គុរៀងតង

хаљина

អាវរ៉ែ

венчаница

សំលៀកបំពាក់អាពាហ៍ពិពា
ហ៍

одело

ឈុតពាអាវឈុត

спаваћица

រ៉ូបវាគ្រី

пиџама

ឈុតគេង

сари

សារី

марама за главу

កន្សែងជួតកុបាល

турбан

ផ្នួត

бурка

សូបម៉ែខ

кафтан

kaftan

абаja

abaya

купаћи костим

ឈុតហាលៃទឹក

купаће гаћице

ឈេខុល

кратке панталоне

ឈេខុល

одећа за тренинг

ឈុតហាត់កីឡា

кецеља

អាវអេៀម

рукавице

ស្រុពោមដៃ

дугме

ឡ្បេរអាវ

наочаре

វ៉ែនតា

наруквица

ខ្សដៃ

огрлица

ខ្សកេ

прстен

ចិញ្ចៀន

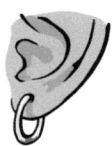

наушница

កុរិល

капа

មួក

вешалица

បុរដាប់ពួយអាវក្រុេវ

шешир

មួក

кравата

ក្រវ៉ាត់ក

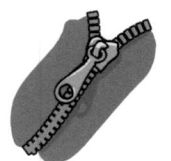

патент затварач

រូត

кацига

មួកសុវត្ថិភាព

нараменице

ខ្សៃ

школска униформа

ឯកសណ្ឋានសាលា

униформа

ឯកសណ្ឋាន

подбрадак

អៀមទារក

дуда

រូបសំណាក

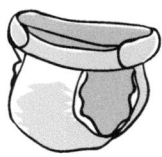

пелена

ខោទឹកនោម

# канцеларија
## ការិយាល័យ

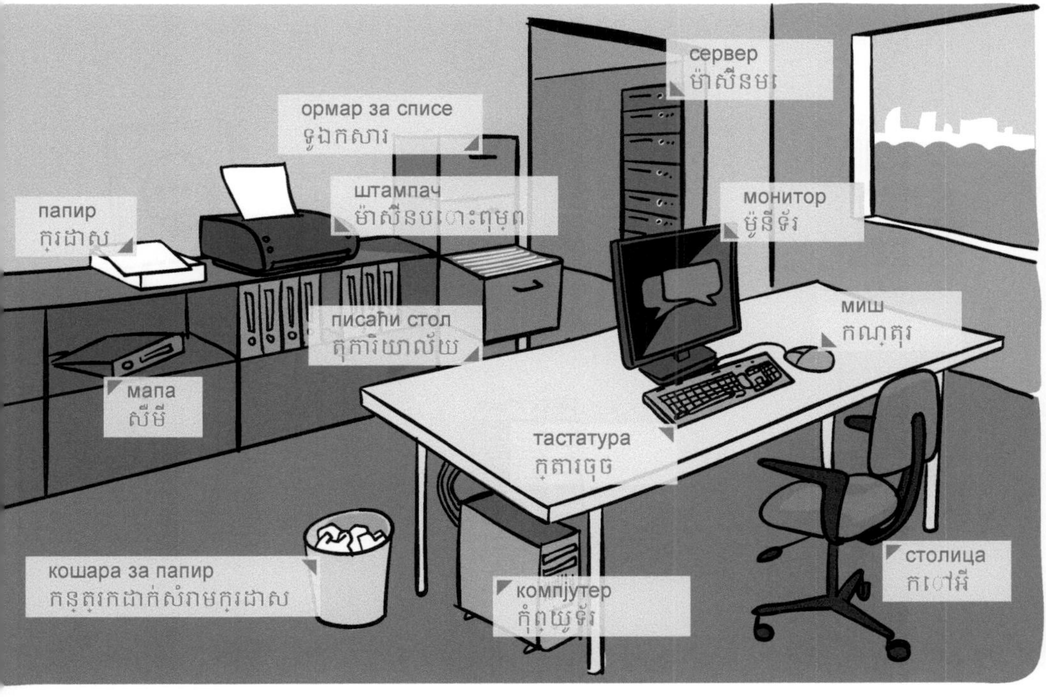

сервер
ម៉ាស៊ីនមេ

ормар за списе
ទូឯកសារ

штампач
ម៉ាស៊ីនបោះពុម្ព

монитор
ម៉ូនីទ័រ

папир
ក្រដាស

писаћи сто
តុការិយាល័យ

миш
កណ្ដុរ

мапа
ស៊ីម៉ី

тастатура
ក្តារចុច

кошара за папир
កន្ត្រករដាក់សំរាមក្រដាស

компјутер
កុំព្យូទ័រ

столица
កៅអី

шалица за каву

កវែកាហ្វេ

калкулатор

ម៉ាស៊ីនគិតលេខ

интернет

អីនធឺណិត

лаптоп

កុំព្យូទ័រយួរដៃ

писмо

លិខិត

порука

សារ

мобилни телефон

ទូរស័ព្ទដៃ

мрежа

បណ្តាញ

уређај за копирање

ម៉ាស៊ីនថតចម្លង

софтвер

សូហ្វវែរ

телефон

ទូរស័ព្ទ

утичница

នុធជទោត

факс

ម៉ាស៊ីនទូរសារ

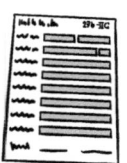

формулар

ទម្រង់បែបបទ

документ

ឯកសារ

купོвати
ទិញ

платити
បង់ប្រាក់

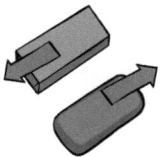

трговати
ធ្វើរៃជំនួញ

новац
លុយ

USD

долар
ប្រាក់ដុល្លារ

EUR

евро
ប្រាក់អឺរ៉ូ

JPY

јен
ប្រាក់យ៉ែន

RUB

рубља
ប្រាក់រូបិល

CHF

швајцарски франак
ហ្វ្រង់ស្វីស

CNY

ренминдби јуан
ប្រាក់យ៉ន

INR

рупија
ប្រាក់រូពី

аутомат за новац
កន្លែងបូររើសាច់ប្រាក់

мењачница

ការិយាល័យប្តូរប្រាក់

злато

មាស

сребро

ប្រាក់

нафта

ប្រេង

енергија

ថាមពល

цена

តម្លៃ

уговор

កិច្ចសន្យា

порез

ពន្ធ

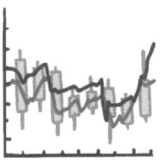

деонице

ភាគហ៊ុន

радити

ធ្វើការ

службеник

បុគ្គលិក

послодавац

និយោជក

фабрика

រោងចក្រ

продавница

ហាង

полицајац
មន្ត្រីប៉ូលិស

ватрогасац
អ្នកពន្លត់អគ្គិភ័យ

кувар
ចុងភៅ

лекар
វេជ្ជបណ្ឌិត

пилот
អ្នកបើកយន្តហោះ

вртлар

អ្នកថែស្វែន

столар

ជាងឈើ

кројачица

ជាងកាត់ដេរ

судија

ចៅក្រម

хемичар

គីមីវិទ្យូ

глумац

តួកុន

возач аутобуса

អ្នកបើកឡានក្រុង

возач таксија

អ្នកបើកតាក់ស៊ី

рибар

អ្នកនេសាទ

чистачица

សុត្តីអ្នកសម្អាត

кровопокривач

ជាងដំបូល

конобар

អ្នករត់តុ

ловац

អ្នកបរបាញ់សត្វ

сликар

វិចិត្រករ

пекар

អ្នកដុតនំ

електричар

ជាងអគ្គីសនី

грађевински радник

ជាងសំណង់

инжењер

វិស្វករ

месар

អ្នកកាប់សាច់

лимар

ជាងជួសជុលទុយោរទឹក

поштар

អ្នករត់សំបុត្រ

војник

ទាហាន

архитекта

ស្ថាបត្យករ

благајник

បង្គ្រា

цвећар

អ្នកលក់ផ្កា

фризер

អ្នកអ៊ុតសក់

кондуктер

អ្នកយកលុយ

механичар

ជាងម៉ាស៊ីន

капетан

កាពីទែន

зубар

ពេទ្យធ្មេញ

научник

អ្នកវិទ្យាសាស្ត្រ

раби

គ្រូបង្រៀនច្បាប់សញ្ញាតិ
ជ៊ីហ្វ

имам

លោកសង្ឃយ៉ាម

монах

ព្រះសង្ឃយ

свећеник

បព្វជិត

# алати
# ឧបករណ៍

клешта
ដង្កាប់
чекић
ញញួរ
одвијач
ទួណឺវីស
џепна лампа
ពិល
кључ за завртње
ម៉ាឡេត

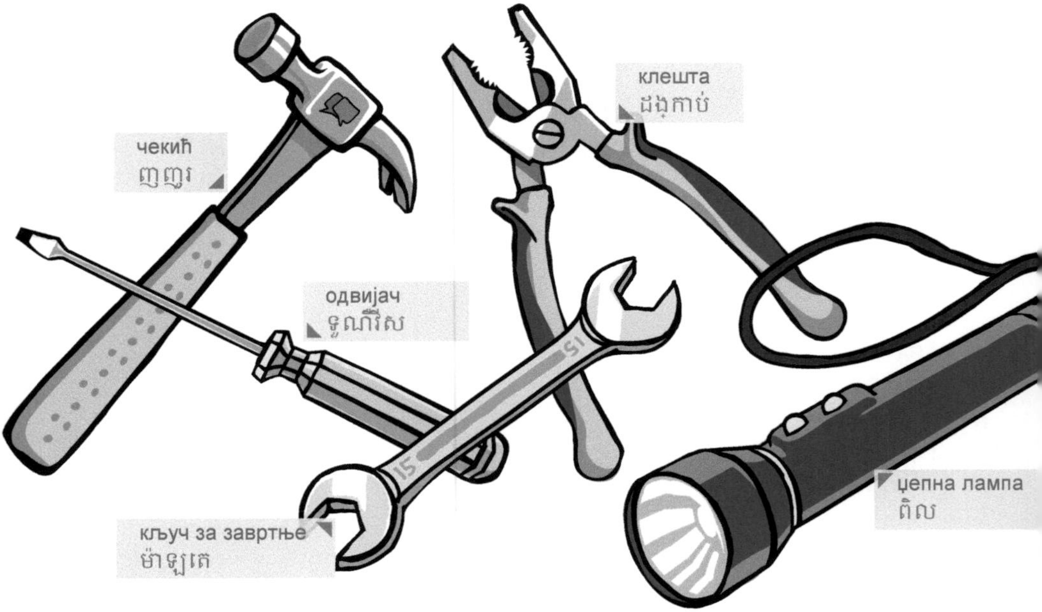

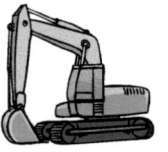

багер
ម៉ាស៊ីនជីក

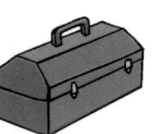

кутија за алат
ប្រអប់ឧបករណ៍

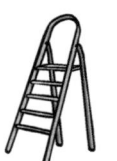

мердевине
ជណ្តើរ

пила
រណារ

ексер
ដែកគោល

бушилица
ប្រដាប់ស្វាន

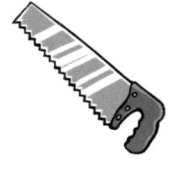

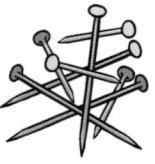

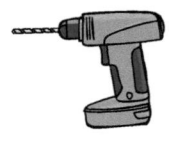

поправити
ជួសជុល

лопата
ប៉ែល

до ђавола!
ចង្រៃ!

лопатица
បុងាប់ចូកធូលី

лонац за боју
ធុងថ្នាំពណ៌

завртањи
វីស

## музички инструмент
## ឧបករណ៍តន្ត្រី

звучник
ឧបករណ៍បំពងសំឡេង

бубњеви
ឈុតស្គរ

гитара
ហ្គីតា

контрабас
បាសពីរ

труба
គ្រវ

клавир

ពយាណូ

виолина

វីយូឡុង

бас

ហាស

тимпани

ស្គរពោសស៊ុបកែមុយ៉ាង

удараљке за бубњеве

ស្គរ

типке клавира

យ៉ឺបត

саксофон

សាក់ស៊ូហ្វូន

флаута

ខ្លុយ

микрофон

ម៉ីក្រូហ្វូន

# зоолошки врт
## សួនសត្វ

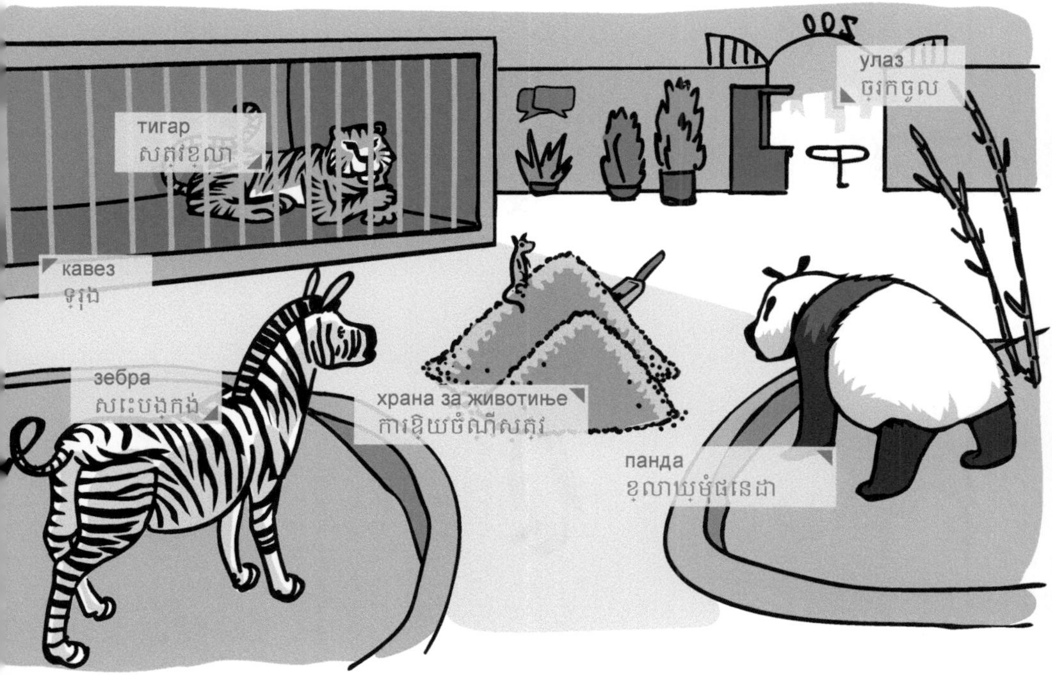
тигар
សត្វខ្លា
улаз
ច្រកចូល
кавез
ទ្រុង
зебра
សេះបង្កង់
храна за животиње
ការឱ្យចំណីសត្វ
панда
ខ្លាឃ្មុំផេនដា

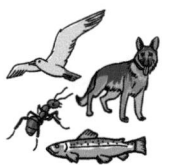

животиње

សត្វ

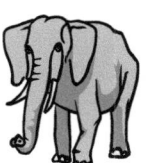

слон

សត្វដំរី

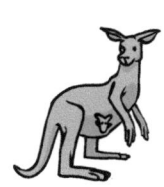

кенгур

សត្វកង់ហ្គារូ

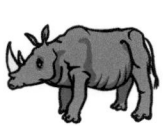

носорог

សត្វរមាស

горила

សត្វស្វាហ្គ័រីឡា

медвед

ខ្លាឃ្មុំពណ៌ត្នោត

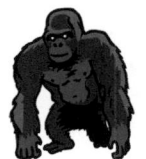

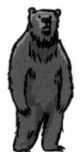

камила

សត្វអ្ងដូប

ној

សត្វអ្នទ្រីស

лав

សត្វតោ

мајмун

ស្វា

фламинго

សត្វកុររៀល

папагај

សកេ

поларни медвед

ខ្លាឃ្មុំតំបន់ប៉ូល

пингвин

ផេនឃ្វីន

ајкула

ត្រីឆ្លាម

паун

ក្ងោក

змија

សត្វពស់

крокодил

ក្រពើ

чувар у зоолошком врту

អ្នករក្សាសួនសត្វ

туљан

ឆ្មាទឹក

јагуар

ខ្លារខិនមួយ៉ាង

**пони**

ក្នុសៈ

**леопард**

ខ្លារខិន

**нилски коњ**

សត្វជ័រទឹក

**жирафа**

សត្វករបៃ

**орао**

ឥន្ទ្រី

**дивља свиња**

ជ្រូក

**риба**

ត្រី

**корњача**

អណ្ដើក

**морж**

លោមមច្ចា

**лисица**

កញ្ជ្រោង

**газела**

ក្ដាន់

# спорт
# កីឡា

**амерички ногомет**
កីឡាបាល់ទាត់អាមរិក

**бициклизам**
ការប្រណាំងកង់

**тенис**
កីឡាថេននីស

**кошарка**
កីឡាបាល់បោះ

**пливање**
កីឡាហែលទឹក

**бокс**
កីឡាប្រដាល់

**хокеj на леду**
កីឡាវាយកូនបាល់លើទឹកកក

| фудбал | бадминтон | атлетика |
|---|---|---|
| កីឡាបាល់ទាត់ | កីឡាវាយសី | អត្តពលកម្ម |

| рукомет | скијање | поло |
|---|---|---|
| កីឡាបាល់ការន់ | ការជិះស្គី | ប៉ូម៉ូឡ |

смејати се
សើច

скочити
លោត

загрлити
ឱប

ити
ដើរ

певати
ច្រៀង

сањати
សុបិន្ត

молити се
អធិស្ឋាន

пољубити
ថើប

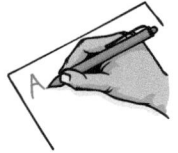

**писати**
សរសេរ

**цртати**
គូរ

**показати**
បង្ហាញ

**гурати**
រុញ

**дати**
ឲ្យ

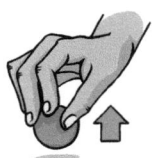

**узети**
យក

имати

មាន

чинити

ធ្វើ

бити

គី

стојати

ឈរ

трчати

រត់

повлачити

ទាញ

бацити

បោះ

падати

ធ្លាក់

лежати

កុហក

чекати

រង់ចាំ

носити

យួរ

седити

អង្គុយ

облачити

សួលៀកពាក់

спавати

ដេក

пробудити се

ភ្ញាក់ឡ្បើង

гледати

មេីល

плакати

យំ

миловати

គួសរស

чешљати

សិតសក់

говорити

និយាយ

разумети

យល់

питати

សួរ

слушати

ស្ដាប់

пити

ផឹក

јести

បរិភោគ

поспремити

សម្អាត

волети

ស្រឡាញ់

кухати

ចម្អិន

возити

បេីកបរ

летети

ហោះ

пловити

ចែកទូក

рачунати

គណនា

читати

អាន

учити

រៀន

радити

ធ្វើការ

венчати се

រៀបការ

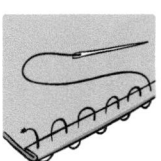

шити

ដេរ

прати зубе

ដុសធ្មេញ

убити

សម្លាប់

пушити

ជក់

послати

ផ្ញើ

бака
ជីដូន

деда
ជីតា

отац
ឪពុក

мајка
ម្តាយ

беба
ទារក

кћерка
កូនស្រី

син
កូនប្រុស

гост
ភ្ញៀវ

тетка
មីង

ујак, стриц
ពូ

брат
បងប្អូនអូនប្រុស

сестра
បងប្អូនអូនស្រី

# тело
# រាងកាយ

чело
ថ្ងាស
око
ភ្នែក
лице
មុខ
брада
ចង្កា
груди
សុដន់
прст
ម្រាមដៃ
рука
ដៃ
рука
ដៃ
раме
ស្មា
нога
ជើង

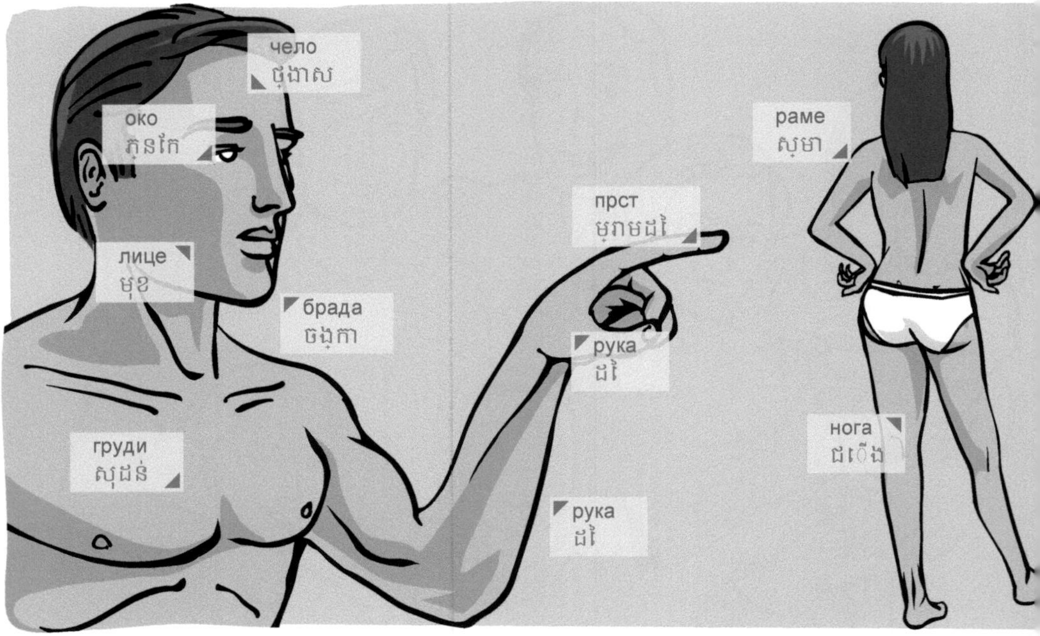

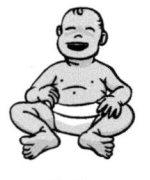

беба

ទារក

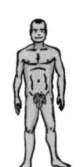

мушкарац

បុរស

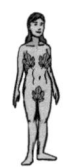

жена

ស្ត្រី

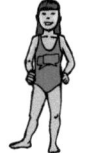

девојчица

ក្មេងស្រី

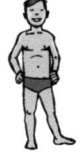

дечак

ក្មេងប្រុស

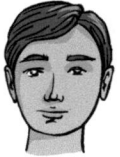

глава

ក្បាល

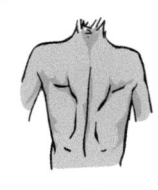

леђа

ខ្នង

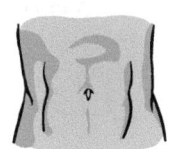

стомак

ពោះ

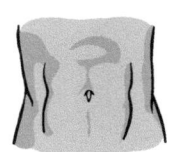

пупак

ផ្ចិត

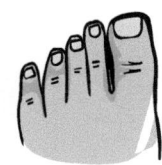

ножни прст

ម្រាមជើង

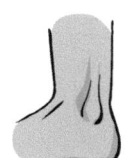

пета

កែងជើង

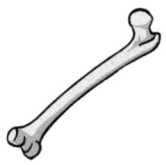

кост

ឆ្អឹង

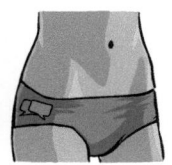

кукови

គូទតាក

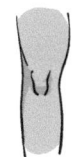

колено

ជង្គង់

лакат

កែងដៃ

нос

ច្រមុះ

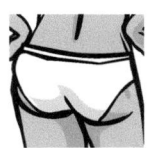

задњица

គូទ

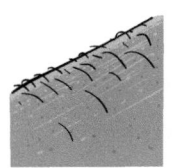

кожа

ស្បែក

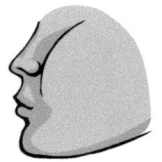

образ

ថ្ពាល់

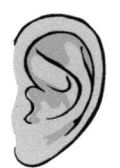

уво

ត្រចៀក

усна

បបូរមាត់

уста

 មាត់

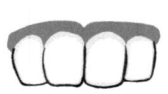

зуб

ធ្មេញ

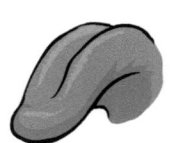

језик

អណ្តាត

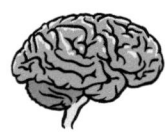

мозак

ខួរក្បាល

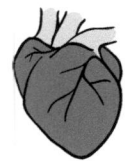

срце

បេះដូង

мишић

សាច់ដុំ

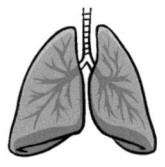

плућа

សួត

јетра

ថ្លើម

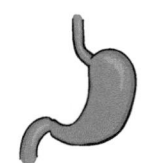

желудац

ក្រពះ

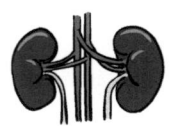

бубрези

តម្រងនោម

полни однос

ការរួមភេទ

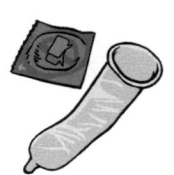

кондом

ស្រោមអនាម័យ

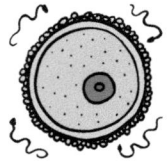

јајна ћелија

អូវុល

сперма

ទឹកកាម

трудноћа

ការមានផ្ទៃពោះ

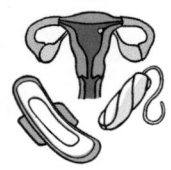

менструација

មករដូវ

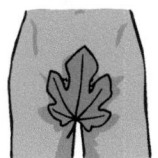

вагина

ទ្វារមាស

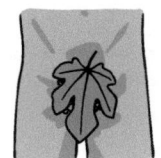

пенис

លិង្គត

обрва

ចិញ្ចើម

коса

សក់

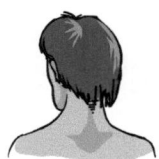

врат

ក

# болница
## មន្ទីរពេទ្យ

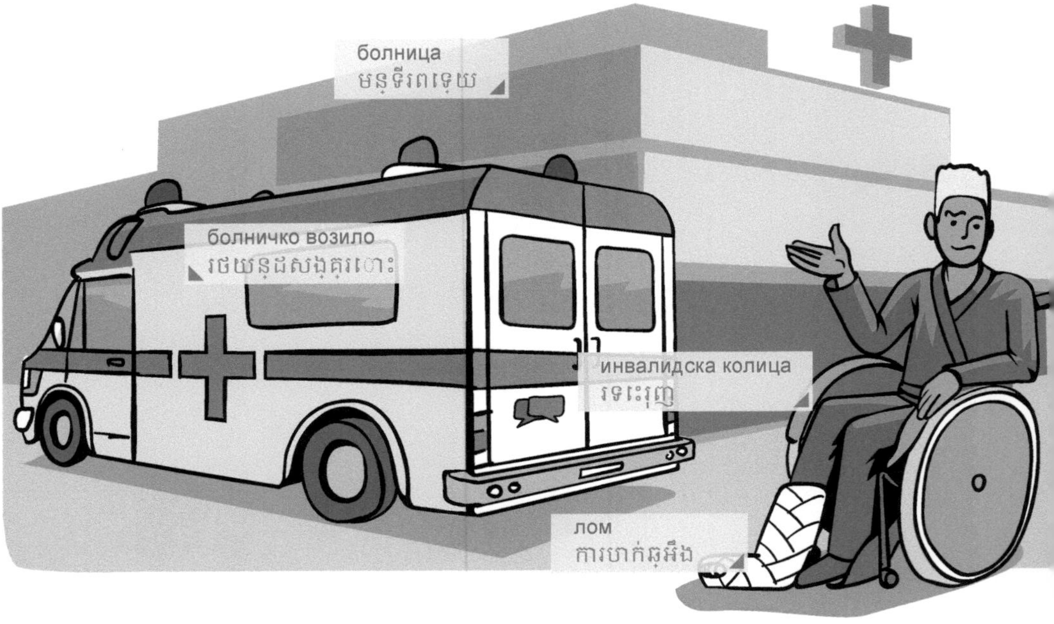

болница
មន្ទីរពេទ្យ

болничко возило
រថយន្តដឹកអ្នកជម្ងឺ

инвалидска колица
រទេះរុញ

лом
ការបាក់ឆ្អឹង

лекар
វេជ្ជបណ្ឌិត

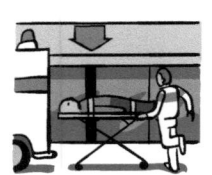

хитна медицинска служба
បន្ទប់សង្គ្រោះបន្ទាន់

медицинска сестра
គិលានុបដ្ឋាយិកា

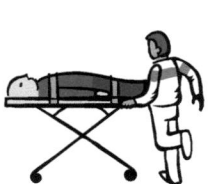

хитни случај
សង្គ្រោះបន្ទាន់

несвест
សន្លប់

бол
ការឈឺចាប់

повреда

ការរងរបួស

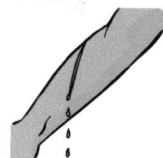

крварење

ការហូរឈាម

срчани удар

គាំងបេះដូង

удар

មុឺដាច់សរសៃឈាមក្នុង
ក្បាល

алергија

អាលែកហ្ស៊ី

кашаљ

ក្អក

грозница

ជំងឺគ្រុន

грипа

ជំងឺផ្តាសាយ

пролив

ជំងឺរាគួស

главобоља

ឈឺក្បាល

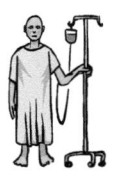

рак

ជំងឺមហារីក

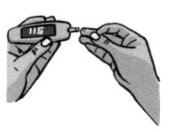

дијабетес

ជំងឺទឹកនោមផ្អែម

хирург

គ្រូពេទ្យវះកាត់

скалпел

កាំបិតវះកាត់

операција

បុរតិបតុ្ដិការ

цт
CT

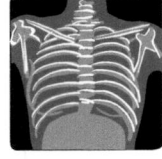

рентген
កាំរស្មីអិច

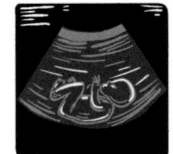

ултразвук
អេកូ

маска
របាំងមុខ

болест
ជំងឺ

чекаона
បង្ចាំបន្ទប់

штака
ឈើច្រត់

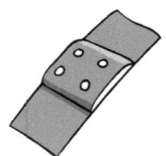

фластер
មុនាងសិលា

завоj
បង់រុំ

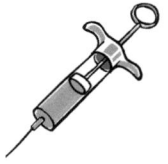

инјекција
ការចាក់ថ្នាំ

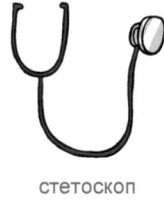

стетоскоп
ស្ដេតូ

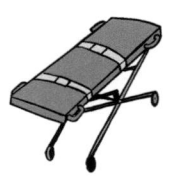

носила
សូនជែរប្រូស

термометар
ទែម៉ូម៉ែត្ររុយាបាល

рођење
កំណើត

прекомерна тежина
លើសទម្ងន់

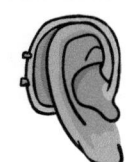

слушни апарат

បរិក្ខណ៍ជំនួយការស្ដាប់

средство за дезинфекцију

សារធាតុសម្លាប់មេរោគ

инфекција

ការឆ្លងមេរោគ

вирус

មេរោគ

хив / аидс

មេរោគអេដស៍ / ជំងឺអេដស៍

медицина

ថ្នាំពេទ្យ

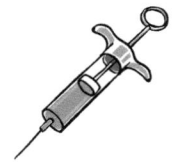

вакцинација

ការចាក់ថ្នាំបង្ការ

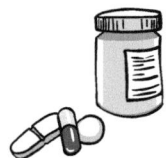

таблете

ថ្នាំប្រឡិត

пилула

ថ្នាំគ្រាប់

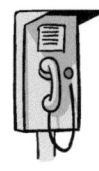

хитни позив

ការហៅពេលអាសន្ន

уређај за мерење притиска

ឧបករណ៍វាស់និងឃ្លាំយសម្ពាធ ឈាម

болесно / здраво

ឈឺ / មានសុខភាពល្អ

помоћ!

ជំនួយ!

аларм

សំឡេងរោទ៍

насртај

ការវាយលុក

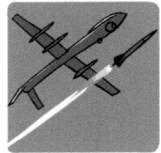

напад

ការវាយប្រហារ

опасност

គ្រោះថ្នាក់

излаз у случају нужде

ច្រកចេញគ្រោះអាសន្ន

пожар!

អគ្គីភ័យ!

противпожарни апарат

បំពង់ពន្លត់អគ្គីភ័យ

незгода

គ្រោះថ្នាក់

кутија прве помоћи

ឧបករណ៍ជំនួយបឋម

сос

SOS

полиција

ប៉ូលិស

Европа

អឺរ៉ុប

Северна Америка

អាមេរិកខាងជើង

Јужна Америка

អាមេរិកខាងត្បូង

Африка

អាហ្វរិក

Азија

អាសី

Аустралија

អូស្រ្តាលី

Атлантик

អាត្លង់ទិច

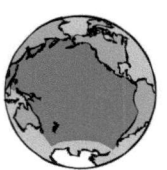

Пацифик

ប៉ាស៊ីហ្វិក

Индијски океан

មហាសមុទ្រឥណ្ឌា

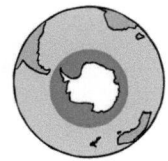

Антарктички океан

មហាសមុទ្រអង់តាក់ទិច

Арктички океан

មហាសមុទ្រអាកទិច

Северни рол

ប៉ូលខាងជើង

Јужни рол
ប៉ូលខាងត្បូង

Антарктик
អង់តាក់ទិក

земља
ជនែជី

земља
ដីតេ្ទាក

море
សមុទ្រ

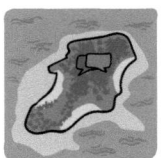

оток
កោះ

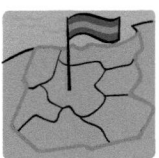

нација
ប្រទេសជាតិ

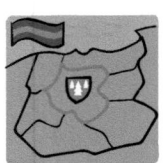

држава
រដ្ឋប

78                         земља - ជនែជី

бројчаник сата

មុខនាឡិកា

сатна казаљка

ទ្រនិចម៉ោង

минутна казаљка

ទ្រនិចនាទី

секундна казаљка

ទ្រនិចវិនាទី

Колико је сати?

ម៉ោងប៉ុន្មាន?

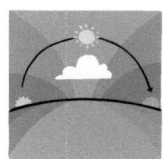

дан

ថ្ងៃ

време

ពេលវេលា

сада

ឥឡូវនេះ

дигитални сат

នាឡិកាឌីជីថល

минута

នាទី

час

ម៉ោង

# седмица
## សប្ដាហ៍

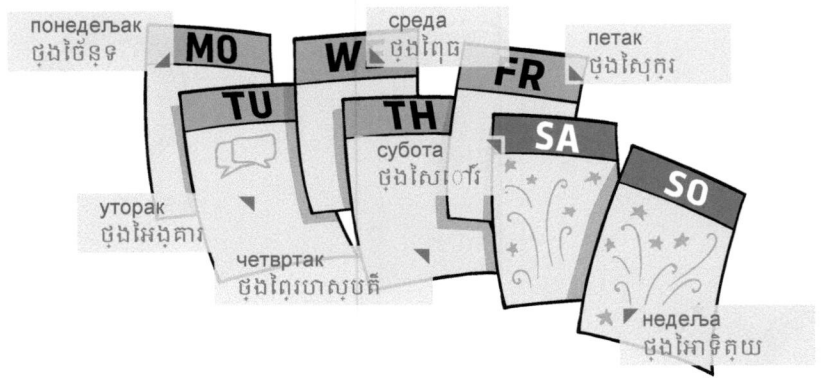

jуче
មុសិលមិញ

данас
ថ្ងៃនេះ

сутра
ថ្ងៃស្អែកកើ

jутро
ព្រឹក

подне
ថ្ងៃត្រង់

вече
ល្ងាច

радни дани
ថ្ងៃរៀវការ

викенд
ចុងសប្ដាហ៍

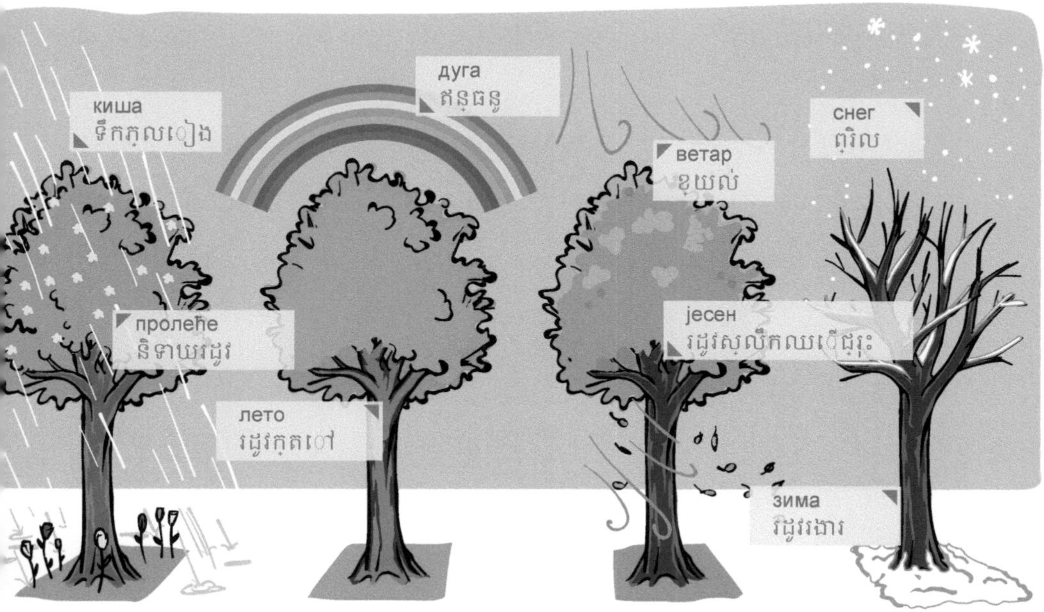

киша
ទឹកភ្លៀង
дуга
ឥន្ទធនូ
снег
ព្រិល
ветар
ខ្យល់
пролеће
និទាឃរដូវ
јесен
រដូវស្លឹកឈើជ្រុះ
лето
រដូវក្តៅ
зима
រដូវរងារ


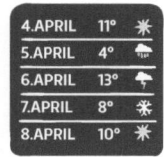

4.APRIL 11°
5.APRIL 4°
6.APRIL 13°
7.APRIL 8°
8.APRIL 10°


етеоролошка прогноза

ារព្យាករណ៍អាកាសធាតុ

F C
120 40
90 30
60 20
30 10
0 0
-30 -10
-20


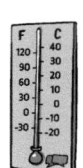

термометар

ទែម៉ូម៉ែត្រ

сунчана светлост

ពន្លឺថ្ងៃ

облак

ពពក

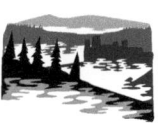

магла

អ័ព្ទ

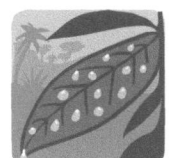

влажност ваздуха

សំណើម

муња

នេ្ទទះ

грмљавина

ផ្គរ

олуја

ព្យុះ

туча

ព្រិល

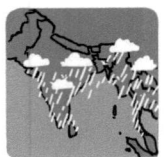

монсун

ខ្យល់មូសុង

поплава

ទឹកជំនន់

лед

ទឹកកក

jануар

ខែមករា

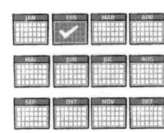

фебруар

ខែកុម្ភៈ

март

ខែមីនា

април

ខែមេសា

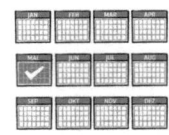

мај

ខែឧសភា

jуни

ខែមិថុនា

jули

ខែកក្កដា

август

ខែសីហា

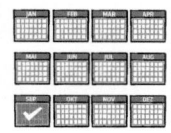

септембар

ខែកញ្ញា

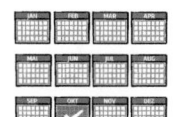

октобар

ខែតុលា

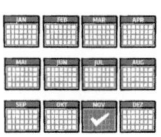

новембар

ខែវិច្ឆិកា

децембар

ខែធ្នូ

# облици
## រាង

круг

រង្វង់

квадрат

ការ៉េ

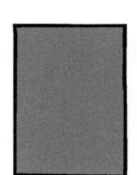

правоугао

ចតុកោណកែង

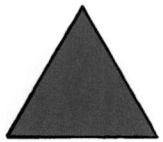

троугао

ត្រីកោណ

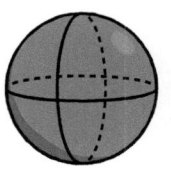

кугла

ស្វ៊ែរ

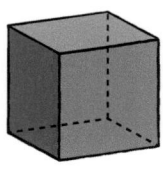

коцка

គូប

бела

ពណ៌ស

жута

ពណ៌លឿង

наранџаста

ពណ៌ទឹកក្រូច

ружичаста

ពណ៌ផ្កាឈូក

црвена

ពណ៌ក្រហម

љубичаста

ពណ៌ស្វាយ

плава

ពណ៌ខៀវ

зелена

ពណ៌បៃតង

смеђа

ពណ៌ទឹកក្រូច

сива

ពណ៌ប្រផេះ

црна

ពណ៌ខ្មៅ

много / мало

ច្រើន / តិចតួច

љутито / мирно

ខឹង / គ្មានជាក់ចិត្ត

лепо / ружно

សុរស់សុអាត / អាក្រក់

почетак / крај

ចាប់ផ្តើម / បញ្ចប់

велико / малено

ធំ / តូច

светло / тамно

ភ្លឺ / ងងឹត

брат / сестра

ងបុអូនបុរស / បងបុអូនស្រី

чисто / прљаво

ស្អាត / កខ្វក់

потпуно / непотпуно

ពេញលេញ / មិនពេញលេញ

дан / ноћ

ថ្ងៃ / យប់

мртво / живо

ស្លាប់ / នៅរស់

широко / уско

ធំទូលាយ / តូចចង្អៀត

**јестиво / нејестиво**

អាចបរិភោគបាន /
មិនអាចបរិភោគបាន

**зло / добро**

ចិត្តអាក្រក់ / ចិត្តល្អ

**узбуђено / досадно**

ការរំភើប / អផ្សុក

**дебело / мршаво**

ធាត់ / ស្គម

**на почетку / на крају**

ដំបូង / ចុងក្រោយ

**пријатељ / непријатељ**

មិត្តភក្តិ / សត្រូវ

**пуно / празно**

ពេញ / ទទេ

**тврдо / мекано**

រឹង / ទន់

**тешко / лагано**

ធ្ងន់ / ស្រាល

**глад / жеђ**

ភាពអត់ឃ្លាន /
ការស្រេកឃ្លាន

**болесно / здраво**

ឈឺ / មានសុខភាពល្អ

**илегално / легално**

ខុសច្បាប់ / ត្រូវច្បាប់

**паметно / глупо**

ឆ្លាតវៃ / ល្ងង់

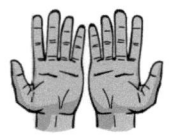

**лево / десно**

ឆ្វេង / ស្តាំ

**близу / далеко**

ជិត / ឆ្ងាយ

ново / половно

ថ្មី / ហានបុរេហ៍

ништа / нешто

គ្មានអ្វីសោះ / អ្វីមួយ

старо / младо

ចាស់ / ក្មេង

укључено / исклучено

បើក / បិទ

отворено / затворено

បើក / បិទ

тихо / гласно

សុងប់សុងាត់ / ពុខលាំង

богато / сиромашно

មាន / ក្រ

тачно / погрешно

ត្រូវ / ខុស

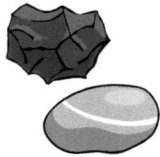

храпаво / глатко

គ្រើម / រលោង

тужно / сретно

ភាកចិត្ត / សប្បាយចិត្ត

кратко / дуго

ខ្លី / វែង

полако / брзо

យឺត / លឿន

мокро / сухо

សើម / សុងួត

топло / хладно

ក្ដៅ / ត្រជាក់

рат / мир

សង្រ្គាម / សន្តិភាព

**0**

нула

សូន្យ

**1**

један

មួយ

**2**

два

ពីរ

**3**

три

បី

**4**

четири

បួន

**5**

пет

ប្រាំ

**6**

шест

ប្រាំមួយ

**7**

седам

ប្រាំពីរ

**8**

осам

ប្រាំបី

**9**

девет

ប្រាំបួន

**10**

десет

ដប់

**11**

једанаест

ដប់មួយ

**12**

дванаест

ដប់ពីរ

**13**

тринаест

ដប់បី

**14**

четрнаест

ដប់បួន

**15**

петнаест

ដប់ប្រាំ

**16**

шестнаест

ដប់ប្រាំមួយ

**17**

седамнаест

ដប់ប្រាំពីរ

**18**

осамнаест

ដប់ប្រាំបី

**19**

деветнаест

ដប់ប្រាំបួន

**20**

двадесет

ម្ភៃ

**100**

стотину

រយ

**1.000**

хиљаду

ពាន់

**1.000.000**

милион

លាន

енглески

អង់គ្លុលសេ

амерички енглески

អង់គ្លុលសេអាមជ្ងិក

мандарински кинески

ចិនកុកងឺ

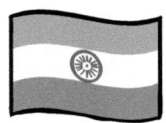

хиндски

ហ៊ិណ្ឌូខ្ទ

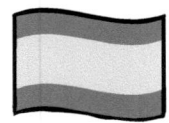

шпански

អេស្ប៉ាញ

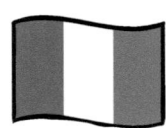

француски

ហារ៉ាំង

арапски

អារ៉ាប់

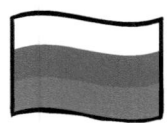

руски

រុស្ស៊ី

португалски

ព័រទុយហ្ការ់

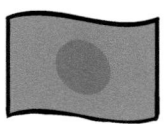

бенгалски

បង់ក្លាដសេ

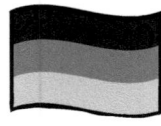

немачки

អាល្លឺម៉ង់

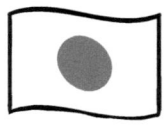

jапански

ជប៉ុន

ja

ខ្ញុំ

ти

អ្នក

он / она / оно

គាត់ / នាង / វា

ми

យើង

ви

អ្នក

они

ពួកគេហេន

Ко?

នរណា?

Шта?

អ្វី?

Како?

របៀបណា?

Где?

កន្លែងណា?

Када?

ពេលណា?

име

ឈ្មោះ

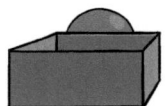

иза
ពីក្រោយ

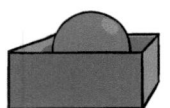

у
ក្នុង

испред
ពីមុខ

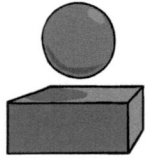

преко
ពីលើ

на
នៅលើ

испод
នៅក្រោម

поред
នៅក្បែរ

између
រវាង

место
កន្លែង